LOS Niños y la Ciencia

EXPLORANDO LOS COLORES

Aaron Carr

www.av2books.com

This AV² media enhanced book gives you a fully bilingual experience between English and Spanish to learn the vocabulary of both languages.

English

Spanish

AV² Bilingual Navigation

CLOSE

HOME

CHANGE LANGUAGE
ENGLISH SPANISH
LANGUAGE TOGGLE

BACK NEXT
PAGE TURNING

PAGE PREVIEW

EXPLORANDO LOS COLORES

CONTENIDO

¿Qué color ves?

Veo una manzana roja.

Muchas cosas son rojas.

¿Qué color ves?

Veo una pelota de baloncesto naranja.

Muchas cosas son naranja.

7

¿Qué color ves?

Veo una banana amarilla.

Muchas cosas son amarillas.

¿Qué color ves?

Veo una hoja verde.

Muchas cosas son verdes.

¿Qué color ves?

Veo una mariposa azul.

Muchas cosas son azules.

13

¿Qué color ves?

Veo uvas moradas.

Muchas cosas son moradas.

¿Qué color ves?

Veo un gato blanco.

Muchas cosas son blancas.

¿Qué color ves?

Veo un perro negro.

Muchas cosas son negras.

¿Qué colores puedes ver?

Los arcoíris tienen muchos colores.

¿PUEDES ENCONTRAR
ESTOS COLORES?
Rojo   Naranja   Amarillo   Verde
Azul   Morado   Blanco   Negro

22

23

Check out av2books.com for your interactive English and Spanish ebook!

1 Go to av2books.com

2 Enter book code

C 1 8 2 4 7 3

3 Fuel your imagination online!

www.av2books.com

Published by AV² by Weigl
350 5th Avenue, 59th Floor New York, NY 10118
Website: www.av2books.com   www.weigl.com

Library of Congress Cataloging-in-Publication Data

Carr, Aaron.
  [Exploring colors. Spanish]
 Explorando los colores / Aaron Carr.
    p. cm. -- (Niños y la ciencia)
 Audience: K to grade 3.
 ISBN 978-1-61913-206-1 (hardcover : alk. paper)
 1. Colors--Juvenile literature. I. Title.
 QC495.5.C36818 2012
 535--dc23
                          2012020136

Printed in the United States of America in North Mankato, Minnesota
1 2 3 4 5 6 7 8 9 0 16 15 14 13 12

062012
WEP100612

Senior Editor: Heather Kissock
Art Director: Terry Paulhus

Weigl acknowledges Getty Images as the primary image supplier for this title.